„Ein Ziel ohne Plan ist nur ein Wunsch"

Antoine de Saint-Exupéry

PAUL REIST NACH BARCELONA

Von

TANYA PREMINGER

Illustrationen von

ELETTRA CUDIGNOTTO

Für Sean, meinen Sonnenschein und meine Inspiration

Copyright © 2020 by TANYA PREMINGER
www.sean-wants-to-be-messi.com

Inhaltsverzeichnis

Spielst du Fußball? 1

Mit dem Taxi durch La Rambla 5

Tiki-Taka 8

Eine Dachterrasse in Barcelona 16

La Sagrada Familia 21

Das Training des Teams 31

Super-Power-Saft für Kreativität 40

Das Spiel 44

Messis Haus 52

Das Autogramm 62

TANYA PREMINGER

Spielst du Fußball?

Paul beugt sich über den Flugzeugtisch und ist in das Ausmalen seines FC Barcelona-Buches vertieft. Er ist gerade mit dem Anmalen von Messis Bild fertig und schreibt mit Rot um es herum:

„Messi ist der Größte! Ronaldo ist kein Vergleich! Ronaldo ist ein Egoist! Real Madrid ist die schlechteste Fußballmannschaft aller Zeiten. Sie spielen in einer Babyliga, buh, buh, buh, buh!"

Er schließt zufrieden das Buch und beobachtet aus dem Flugzeugfenster, wie Wattewolken am strahlend blauen Himmel schweben. Er wendet sich an Mama auf dem Sitz neben ihm.

„Mama, wenn wir in Barcelona sind, musst du mir einen

Barcelona-Schal und ein Barcelona-Trikot kaufen."

Mama lässt den Stadtplan von Barcelona, den sie gerade studiert hat, sinken und schüttelt den Kopf.

„Warum? Du trägst nie einen Schal und hast schon ein Barca-Trikot."

„Es ist ein Fußballschal! Ich kann ohne Schal nicht zum Spiel gehen. Und mein Barca-Trikot ist alt. Barca hat jetzt neue Trikots", erklärt Paul.

Mama seufzt.

„Kauf mir dies, kauf mir das... Bitte, fang nicht wieder damit an, Paul. Ich habe dir die ganze Reise bezahlt. Genug ist genug."

„Mama, ich bin traurig, wenn ich den Schal nicht bekomme..." Paul macht ein übertrieben schmollendes Gesicht.

„Schön, sei traurig!", antwortet Mama.

Das Kabinenlicht geht an, ein Gong ertönt und eine tiefe Männerstimme spricht über die Lautsprecheranlage: „Meine Damen und Herren, wir haben unseren Landeanflug zum Internationalen Flughafen Barcelona begonnen. Achten Sie darauf, dass Ihre Sicherheitsgurte fest angelegt sind und dass das gesamte Handgepäck unter dem Sitz vor Ihnen verstaut ist. Vielen Dank."

„Mama, ich kann das Spiel nicht ohne einen Barca-Schal sehen. Bitte!", jammert Paul.

„Paul, wir können uns nicht alles leisten." Mama steckt den Stadtplan in ihren Rucksack.

„Der Schal ist nicht teuer", argumentiert Paul.

„Es ist nicht nur der Schal. Es sind die Flugtickets, die Spieltickets, die Unterkunft...", zählt Mama auf.

„Aber Mamma, bitte!" Paul weint.

„Vergiss es, ich habe nein gesagt", sagt Mama entschlossen.

„Schnall dich bitte an."

Eine Flugbegleiterin nähert sich ihnen mit einem Lächeln.

„Du musst deinen Tisch jetzt hochklappen", sagt sie zu Paul. Dann bemerkt sie seine Barca-Uniform.

„Magst du Fußball?", fragt sie.

Paul senkt schüchtern den Kopf und antwortet nicht.

„Paul... die Dame hat dich gerade etwas gefragt." Mama stößt ihn sanft an.

Paul lehnt seine Wange auf die Schulter und starrt auf den Boden. Mama und die Flugbegleiterin sehen sich lächelnd an, und warten.

„Paul... wo sind deine Manieren? Warum antwortest du nicht?", flüstert ihm Mama ins Ohr.

Paul schweigt und blickt zu Boden.

„Er ist schüchtern vor Fremden", entschuldigt sich Mama. „Aber ja, er liebt Fußball."

„Spielst du selbst Fußball?" Die Stewardess versucht es erneut und bietet Paul ein Bonbon aus dem Korb in ihrer Hand an.

Diesmal schaut Paul sie an, nickt schüchtern mit dem Kopf und nimmt ein Bonbon.

„Er spielt in einem Verein", sagt Mama stolz. „Er trainiert dreimal pro Woche. Er will wie Messi sein, der berühmte Fußballspieler."

„Wie cool! Ich liebe Fußball auch", sagt die Flugbegleiterin. „Wirst du dir in der Stadt ein Barca-Spiel ansehen?"

„Ja, das werden wir. Wir sind sehr gespannt darauf", strahlt Mama.

„Oh, du hast so viel Glück!", sagt die Flugbegleiterin zu Paul.

„Deine Mutter geht mit dir zu einem Barca-Spiel! Das ist aber ein tolles unvergessliches Erlebnis . Hast du dich bei deiner Mama bedankt?"

Peinlich berührt versteckt Paul sein Gesicht in seiner Flugzeugdecke. Die Flugbegleiterin lacht.

„Genießen Sie Ihren Aufenthalt in Barcelona", sagt sie, während sie ihren Weg durch den Gang fortsetzt.

Paul zieht die Decke vom Kopf und dreht sich zu Mama um.

„Mama, du bist die beste Mama der Welt."

„Danke, Pauli." Mama lächelt und küsst seine Stirn.

„Du bist die netteste, klügste und tollste Mama aller Zeiten!"

Mama lacht fröhlich.

„Bitte kauf mir den Schal, bitte!"

„Oh, hör bitte auf damit. Ich kaufe den Schal nicht", sagt Mama mit Nachdruck.

„Mama, ich habe dich so lieb!"

„Hör auf, mich zu manipulieren, Paul. Ich weiß, was du tust. Bitte zieh deine Schuhe an."

Plötzlich zittert das Flugzeug heftig.

„Oh, meine Güte, Turbulenzen!", erschrickt Mama. Paul streichelt beruhigend ihr Knie.

„Süße, süße Mama, du bist die coolste Mama aller Zeiten. Bitte, bitte, bitte kauf mir den Schal!"

Das Flugzeug zittert wieder.

„Schauen wir mal, Ok?" Mama legt ihren Sicherheitsgurt an und holt tief Luft.

Mit dem Taxi durch La Rambla

Paul fährt mit der Hand durch sein Haar, um zu überprüfen, ob seine Frisur sitzt und legt sich vorsichtig seinen brandneuen Barca-Schal um den Hals. Er schaut neugierig aus dem Taxifenster.

Das Taxi fährt durch die berühmte La Rambla Avenue. Die Morgensonne scheint zwischen den Blättern der alten Bäume, und Schatten spielen auf Pauls und Mamas Gesichtern, während sie die Menge vom Rücksitz des Taxis aus beobachten.

Die Fußwege sind voll von Verkäufern, Touristen und Einheimischen. In der Allee reihen sich unzählige Cafés,

Restaurants, Souvenirläden, Imbiss- und Getränkekioske und Blumenstände aneinander.

„Ich kann nicht glauben, dass sie einen offiziellen Barca-Shop im Flughafen direkt neben der Gepäckausgabe haben", stöhnt Mama.

„Mach dir keine Sorgen, Mama." Paul lächelt zufrieden. „Danke nochmal für meinen Schal!"

„Was für eine Touristenfalle...", ärgert sich Mama.

„Kaufst du mir morgen das Barca-Trikot?", fragt Paul.

„Auf keinen Fall!"

Der Taxifahrer, ein junger Mann in bunter indischer Tracht, lacht. Er macht die indische Popmusik, die im Radio läuft, leiser.

„Mögen Sie Barcelona Football, Ma'am?", fragt er auf Englisch mit einem starken Akzent.

„Ja, wir lieben Fußball. Wir werden Messi spielen sehen", erzählt Mama.

„Mein Sohn liebt den Fußball", sagt der Fahrer und blickt sie im Rückspiegel an.

„Also sind die Kinder in Spanien auch verrückt nach Fußball?", fragt Mama.

„Ja, ja, ja." Der Fahrer grinst.

Sie fahren weiter und passieren schöne Gebäude aus dem 18. Jahrhundert mit verzierten Fenstern und aufwändigen Eisenarbeiten an den Balkongeländern.

„Hast du ein Autogramm von Messi bekommen?", fragt der Fahrer.

„Nun...", lächelt Mama, „wir werden es bekommen, wenn wir

die Chance dazu haben."

Das Taxi fährt in eine schmale Gasse in der Altstadt von Barcelona. „Wie lange bleiben Sie in Barcelona?", fragt der Fahrer.

„Fünf Tage", antwortet Mama.

„Nicht lange."

„Ja, aber wir haben viel zu tun. Heute fahren wir zum Camp Nou Museum", sagt Mama fröhlich.

Der Taxifahrer verlangsamt die Fahrt und überprüft die Hausnummern. „Ist das die Adresse, Ma'am?" fragt er in seinem gebrochenen Englisch.

Mama überprüft ihre Notizen. „Ja."

„Wo ist das Hotel?"

„Oje, es ist kein Hotel. Es ist eine Wohnung."

„Ihr seid hier richtig." Der Fahrer überreicht ihnen eine Visitenkarte. „Mein Name ist Arjun. Meine Telefonnummer hier."

Er zeigt auf die Nummer auf der Karte. „Ich bin Reiseleiter. Ich mache gute Touren. Ich besorge dir ein Messi-Autogramm."

„Vielen Dank, aber wir sind schon verplant", sagt Mama höflich.

Aber der Fahrer scheint jedoch noch nicht ganz verstanden zu haben. „Nicht teuer!", betont er, als er ihnen mit ihrem Gepäck hilft.

Mama und Paul lächeln sich einfach an.

Tiki-Taka

Paul, trägt jetzt sein neues Barca Fußballclub-Trikot und seinen Barca FC-Schal und steht neben Mama am Eingang des Camp Nou-Museums in der Schlange und zappelt vor Aufregung. Menschen aus aller Welt, junge und alte, gekleidet in den unterschiedlichsten Stilrichtungen und aus allen Kulturen, warten geduldig und unterhalten sich aufgeregt auf Spanisch, Englisch, Französisch, Deutsch, Arabisch und Hebräisch.

„Mama, bekomme ich ein Autogramm von Messi?", fragt Paul.

„Paul, das ist ein Museum. Messi ist nicht hier."

„Also werde ich Messi nicht sehen?"

„Hier am allerwenigsten."

„Aber, Mama, ich will ihm sagen, wie toll ich ihn finde."

„Paul, er ist einer der berühmtesten Spieler. Es wird nicht leicht sein, ihn zu treffen."

„Aber vielleicht kommt er zum Training ins Stadion?"

„Ich glaube nicht, dass Barca-Spieler hier trainieren", antwortet Mama.

„Aber wie bekomme ich ein Autogramm? Können wir Arjun den Taxifahrer anrufen?", fragt Paul.

Mama ist skeptisch.

„Ich glaube nicht, dass er es arrangieren kann, dass wir Messi treffen."

PAUL REIST NACH BARCELONA

„Bitte, Mama.... Ich will so gerne Messi sehen. Du bist die allerbeste Mama aller Zeiten."

„Oje, Paul", lacht Mama, „diese Taktik wird dir diesmal nicht helfen."

Schließlich kaufen sie ihre Tickets, passieren die Einlasskontrolle und gehen in einen langen Korridor, der zum Camp-Nou-Stadion führt.

Hohe Fenster erstrecken sich entlang der Wände, und in gleichen Abständen stehen Glasrahmen mit Postern der berühmten FC Barcelona-Spieler. Alle Besucher, einschließlich Mama und Paul, posieren neben jedem Poster und machen Fotos.

In der ersten Halle zeigen raumhohe interaktive Bildschirme die Geschichte des FC Barcelona seit seiner Gründung im Jahr 1899. In einer Reihe von Glaskästen leuchten alle Original-Trophäen im Dunkeln.

Ein spezieller Bereich ist allein den Auszeichnungen von Messi gewidmet.

„Paul, sieh mal! Die sechs Trophäen, die Barca 2009 gewonnen hat. Hier steht, dass noch nie ein Fußballverein so etwas erreicht hat", sagt Mama.

„Das weiß ich, Mama", entgegnet Paul spöttisch. „Du kannst mir nichts über Fußball beibringen."

„Oh, Entschuldigung!", sagt Mama und zeigt auf einen langen Absatz auf dem digitalen Bildschirm.

„Bitte lies mir das vor", fordert sie Paul auf.

„Das alles? Das ist zu lang. Es ist auf Englisch", stöhnt Paul.

„Na gut, lies die Hälfte davon."

„Warum soll ich das vorlesen?"

„Weil ich will, dass du Lesen übst, klug bist und Dinge weißt."

„Vergiss es, Mama, ich bin nicht der Typ dazu."

Mama seufzt. „Du weißt noch gar nicht, was für ein Typ du bist. Du bist erst acht Jahre alt."

„Ich weiß, dass ich eines Tages ein Fußballspieler werde", strahlt Paul.

Anschließend besuchen sie den Pressekonferenzraum, wo nach den Spielen Interviews mit den Spielern geführt werden. Sie besichtigen die Umkleideräume des Gästeteams mit offenen Duschen, einem großen Whirlpool in der Mitte des Raumes, mehreren Massagetischen und einem Getränkeautomaten mit kostenlosen Getränken, der Paul am meisten beeindruckt.

Bald darauf erreichen sie den Tunnel der Spieler. Die Logos und Flaggen des FC Barcelona sind überall an den Wänden angebracht. Hier gehen die Fußballspieler zum Spielfeld des Camp Nou.

Aus der Lautsprecheranlage ertönen die Geräusche einer jubelnden Menge, und Kommentatoren verkünden die Namen der ersten Spieler Barcelonas: Messi, Neymar, Suarez. Die Besucher sind begeistert und machen unzählige Fotos.

„Wow!" ruft Paul, als er an der gleichen Stelle steht, die er zuvor so oft im Fernsehen gesehen hat.

„Bitte bleib in meiner Nähe. Ich will nicht, dass du hier verloren gehst", sagt Mama zu Paul.

„Keine Sorge, Mama."

„Wirklich? Was wirst du tun, wenn du dich verirrt hast?"

„Ich werde mich nicht verlaufen."

Mama ist mit dieser Antwort nicht zufrieden. „Gib mir deinen Arm", sagt sie und holt einen Stift aus ihrem Rucksack.

„Warum?" Paul hält seine Hände hinter seinem Rücken.

„Weil ich dir meine Handynummer auf den Arm schreiben werde. Wenn du dich verirrt hast, zeig deinen Arm einfach jemandem."

„Mama, das ist seltsam. Ich bin doch kein Baby mehr!"

„Du bist zwar kein Baby, aber du bist in einem fremden Land, und du sprichst die Sprache nicht."

„Ach was solls, mir passiert schon nichts", sagt Paul trotzig.

Mamma versucht, seinen Arm zu greifen, aber Paul weicht ihr aus, und nach einem kurzen Kampf gibt sie auf.

Sie gehen nach draußen in das sonnige Stadion. Es ist riesig! Es ist das größte Stadion Europas. Hunderttausend Sitzplätze sind vor ihnen auf drei Ebenen von Aussichtsplattformen verteilt. Die Touristen stehen auf dem Rasen, auf dem so viele berühmte Fußballspieler geschwitzt und gekämpft haben, wo einige der aufregendsten Spiele in der Geschichte des Fußballs stattgefunden haben, wo Barca gegen Real Madrid, Arsenal, Manchester United, Bayern München und viele andere berühmte Mannschaften gespielt hat.

Die Besucher verteilen sich über das Feld, plaudern aufgeregt und machen Fotos. Paul berührt den Rasen ehrfürchtig. Er nimmt seinen Fußball aus dem Rucksack und fängt an, ihn hüpfen zu lassen. Er spielt einen kurzen Pass zu Mama. „Mama, stopp den Ball!"

Mama kickt den Ball direkt zu ihm zurück. Paul nimmt ihn an und spielt ihn wieder zu ihr.

PAUL REIST NACH BARCELONA

„Ich spiele in Camp Nou!", schreit Paul begeistert, während er dribbelt. Er imitiert die Stimme eines Fernsehkommentators: „Und der Ball geht zu Paul, Nummer 10. Paul sieht eine Lücke...er geht an der Verteidigung vorbei...er ist unaufhaltsam...", plappert er vor sich hin, während Mama Fotos macht.

„Lass uns ein Foto von uns beiden machen." Mama stöbert in ihrem Rucksack nach ihrem Selfie-Stick. Ein Museumswächter nähert sich ihnen.

„Estan jugando futbol? Estan jugando tiki taka?" fragt er auf Spanisch und lächelt. Mama lächelt zögernd zurück.

„No hab-lo es-pañol... Señor." entgegnet sie langsam.

„Ich habe ihm gesagt, dass ich kein Spanisch spreche", erklärt Mama Paul. „Ich weiß nicht genau, was er sagt. Gut, dass ich mich noch an ein paar Worte aus dem Spanischunterricht in der Schule erinnere."

„Er sagte, wir haben die Tiki-Taka gespielt", sagt Paul selbstbewusst.

„Tiki-taka?", wundert sich Mama.

„Ja. Ich werde es dir später erklären. Kannst du ihn fragen, ob wir Messis Autogramm bekommen können?"

„Er weiß nichts über Messis Autogramme, Paul."

„Mama, schnell, bevor er weggeht."

„Ich weiß nicht, wie ich es auf Spanisch sagen soll."

„Mama, bitte. Versuch es einfach!"

Mama wendet sich an die Wache und spricht jedes Wort langsam und deutlich aus. „Señor... Messi...? Autogramm...?"

Die Wache lächelt und antwortet auf Spanisch.

Mama lächelt zurück und versteht kein Wort. „Messi... Autogramm?" Sie versucht es erneut und wedelt mit den Händen in der Luft, als ob sie etwas unterschreibt.

„Si, si, si, Messi." Die Wache nickt zustimmend und zeigt auf das Feld. Er streichelt Pauls Kopf und geht weg.

„Ich habe es dir gesagt. Er arbeitet nur hier. Das bedeutet nicht, dass er weiß, wo Messi ist", sagt Mama.

„Es liegt daran, dass du nicht gut Spanisch sprichst", kontert Paul.

„Ja, wahrscheinlich. Wie hast du verstanden, was er gesagt hat? Was ist Tipi-Taka?" fragt Mama.

„TIKI-TAKA! Du weißt wirklich nichts über Fußball. TIKI-TAKA ist ein Spielstil, für den Barca bekannt ist. Es sind kurze Pässe mit Bewegung, während man in Ballbesitz bleibt. Es unterscheidet sich von den traditionellen Formationen im Fußball, wie zum Beispiel in einem zonalen Spiel. Dank dieser Taktik hat Barcelona viele Spiele gewonnen", erklärt Paul stolz.

„Oh, wirklich?" Mama ist beeindruckt.

„Also, wie soll ich jetzt Messis Autogramm bekommen?" Paul sieht Mama fordernd an. Sie seufzt.

„Ich weiß nicht. Ich werde es bei Google nachlesen, sobald wir wieder in der Wohnung sind."

Eine Dachterrasse in Barcelona

Mama sitzt auf einer orientalisch gemusterten Couch in einer sonnigen Wohnung und balanciert ihren Laptop auf den Knien. Buddha-Skulpturen und Kerzen sind in Regalen rund um sie herum verteilt. Sie gibt in die Suchleiste ein: „Wie man Messis Autogramm bekommt."

Rrrums! Ein plötzliches, lautes Krachen bringt sie auf die Beine. „Paul! Was machst du da? Spielst du Fußball?", ruft Mama aufgeregt. Sie läuft nach draußen auf das Dach. Herrliche Ausblicke auf die Altstadt und die hügelige Landschaft Barcelonas erstrecken sich in alle Richtungen. Die berühmten Türme der Sagrada Familia erheben sich in ihrer ganzen Pracht in den Himmel. Jeder Zentimeter des Daches ist mit Pflanzen und Blumentöpfen gefüllt.

Paul hockt in der Nähe eines umgestürzten Blumentopfes und fegt mit den Händen Erde zurück in den Topf. Sein Fußball liegt neben ihm auf dem Fliesenboden.

„Schau, was du getan hast!", schimpft Mama.

„Er ist nicht kaputt gegangen."

„Gut, dass er nicht kaputt gegangen ist. Stell alles wieder so hin, wie es war. Ich habe Raul versprochen, dass du hier nicht Fußball spielen wirst. Warum kannst du nie auf mich hören?"

„Mama, warum lässt Raul uns hier wohnen?" fragt Paul.

„Kein Fußball in der Wohnung. Hast du verstanden?" Mama besteht darauf.

Paul verdreht die Augen.

„Antworte mir, Paul."

„Ich verstehe. Aber warum lässt Raul uns hier wohnen?", fragt er erneut.

„Weil wir ihn bezahlt haben. Ich nehme dir den Ball ab", sagt Mama und greift nach dem Ball.

„Aber wir kennen ihn nicht... Wie hast du ihn gefunden?" fragt Paul.

„Im Internet gibt es eine spezielle Seite für Leute, die ihre Häuser vermieten."

„Wirklich? Gibt es eine Seite über Messis Haus?"

„Wahrscheinlich viele", erwidert Mama.

„Lass uns zu Messis Haus gehen!" bettelt Paul.

„Was sollen wir dort machen? Draußen sitzen und warten, bis er rauskommt?" fragt Mama.

„Genau!" ruft Paul.

„Ehrlich gesagt, Paul, würde ich nie daran denken, so etwas zu tun. Wir werden ihn beim Spiel sehen. Dann können wir versuchen, ein Autogramm zu bekommen."

„Wie?" Paul gibt nicht auf.

„Wir können versuchen, vor dem Stadion den Bus mit den Spielern abzupassen. Aber es wird dort eine Menge Fans und Sicherheitsleute geben. Vielleicht kommen wir halt einfach nicht nah genug heran", gibt Mama zu bedenken.

Paul denkt nach.

„Mama, wusstest du, dass es eine Möglichkeit gibt, wie wir das Spiel sehen können, ohne zu bezahlen?"

„Wie denn? Du machst mich neugierig."

„Es gibt diese kleinen ferngesteuerten Hubschrauber mit Kameras drin. Wir können einen während des Spiels ins Stadion schicken, und er überträgt die Bilder an uns."

„Ziemlich clever, aber eine völlig unrealistische Idee", lächelt Mama. „Außerdem brauchen wir keinen Spielzeughubschrauber, um das Spiel zu sehen. Wir haben bereits Tickets." Mama dreht sich um, um wieder in die Wohnung zu gehen, den Ball unter ihrem Arm. „Kein Ball mehr", sagt sie fest.

„Mama, du weißt, dass Messi kein Englisch spricht, nicht wahr?" Paul folgt ihr und beobachtet, was sie mit dem Ball macht.

„Wenn wir ihn sehen, wird er verstehen, was wir meinen, wenn wir ihm einen Stift und ein Papier geben. Aber du darfst keine hohen Erwartungen haben", fügt Mama hinzu. Sie sucht in der Wohnung nach einem guten Versteck für den Ball.

„Bitte, ich brauche Messis Autogramm!", bettelt Paul.

„Oje, Paul, hör auf zu quengeln. Und lauf mir nicht immer hinterher."

„Dann lass uns mit Papa reden. Er hat immer Ideen."

Paul geht zum Tisch, schnappt sich Mamas Telefon und wählt seinen Vater über Skype an. Der Anruf wird verbunden. Sie sehen Papa in seinem Büro sitzen.

„Papa, Mama sagt, dass ich kein Autogramm von Messi bekomme", beschwert sich Paul.

„Hey, Paul!", sagt Papa. „Na, wie ist es denn so in Barcelona?"

„Mama sagt, dass wir Messi nicht treffen werden."

Mama schiebt den Ball schnell unter das Bett.

„Du wirst ihn beim Spiel sehen, sei froh darüber", sagt Papa.

„Aber ich will sein Autogramm. Was soll ich machen?", fordert Paul.

Papa überlegt einen Moment. „Das ist sicherlich schwieriger. Zuerst musst du einen Weg finden, ihn zu treffen. Wie würdest du das machen?"

„Ich habe Mama gesagt, dass ich zu seinem Haus gehen will", sagt Paul.

„Das ist eine Möglichkeit. Du musst die Situation sorgfältig analysieren, deine Optionen abwägen und einen Plan machen."

„Warum ermutigst du ihn, Papa? Wir haben keine Optionen", ruft Mama.

„Es gibt immer Möglichkeiten", sagt Papa „Schreib diese ordentlich auf ein Blatt Papier, Paul. Dann mach einen Plan."

„Ich habe Papier. Ich werde alles aufschreiben", strahlt Paul.

„Sobald du Plan A hast, musst du Plan B machen", fügt Papa hinzu.

„Was ist Plan B?", wundert sich Paul.

„Plan A ist dein bester Plan. Plan B ist der Plan, den man verwenden kann, wenn Plan A nicht funktioniert", erklärt Papa.

„Ok, ich verstehe", sagt Paul.

„Also dann, ich muss wieder an die Arbeit", beendet Papa das Gespräch.

„Tschüss, Papa! Danke!" Paul legt seine Hand in einer Kussgeste an seine Lippen.

„Ciao, Papa! Wir vermissen dich!" Mama gibt Papa auch einen Kuss.

Paul beugt sich in der Nähe des Bettes nach unten und greift grinsend nach seinem Ball.

La Sagrada Familia

„Ich stelle vor: La Sagrada Familia", verkündet Mama, als würde sie ein Produkt in einer Werbung präsentieren.

Sie und Paul stehen in einer langen Schlange von Menschen und warten darauf, Tickets für den Eintritt in eine märchenhafte Kirche zu bekommen, die der Schwerkraft trotzt. Ihre vier Türme ragen in den klaren blauen Himmel, und farbenfrohe Blumen- und Blattornamente schmücken die Details des prunkvollen Gebäudes.

„Nein, Mama! Nein, Mama! Nein, Mama!" Paul spult seinen vertrauten Refrain ab.

Mama fährt fort: „Ein Weltkulturerbe. Ein Meisterwerk! Eine gefeierte Basilika im Jugendstil des renommierten spanischen Architekten Gaudi...", liest sie aus ihrem Reiseführer vor.

„Mama, ich interessiere mich nicht für diese Kirche!", unterbricht Paul sie.

„Paul, wir sind in Barcelona. Wer weiß, wann wir wieder hierherkommen? Du brauchst auch etwas Kultur."

„Ich will keine Kultur. Ich will nur Fußball."

Mama gibt ihm einen kleinen Schubs nach vorne, als sich die Schlange auf die Kasse zubewegt. „Antoni Gaudi war ein Genie", erklärt Mama. „Er hat in Barcelona viele schöne Häuser gebaut. Er hatte seinen eigenen, einzigartigen Stil. Niemand sonst hat jemals Häuser wie seine gebaut. Sie bestehen alle aus runden, organischen geometrischen Formen, die von der Natur inspiriert sind."

„Ich warte draußen", mault Paul.

Mama atmet ungeduldig aus.

„Wenn du mit mir streiten willst, werden wir in alle Gaudi-Häuser in Barcelona gehen! In jedes einzelne von ihnen", droht sie.

„OK, ok, ok, ich komme mit, wenn du es unbedingt willst", gibt Paul nach.

Eine Stunde später sind Mama und Paul in der Sagrada Familia. Sie schlendern durch die Haupthalle, manövrieren sich durch Horden von Touristen, die alle Fotos machen und neben jeder gebogenen Säule posieren.

„Sieh dir dieses wunderschöne, bunte Mosaik an. Siehst du, dass es aus Hunderten von Einzelteilen besteht?", fragt Mama.

„Mama, warum hast du diese großen Blätter Papier gekauft?", wundert sich Paul als er etwas in ihrem Rucksack entdeckt.

„Siehst du die schlanken Stützpfeiler? Alle haben Gaudi gesagt, dass sie das Dach nicht stützen würden, und er hat ihnen das Gegenteil bewiesen. Es steht noch heute, 130 Jahre später."

„Was willst du mit den Blättern machen?", fragt Paul erneut.

„Bis heute konnte niemand sonst solche Formen bauen. Gaudi hat dreidimensionale Modelle verwendet, als er den Entwurf

PAUL REIST NACH BARCELONA

geplant hat. Ist das nicht unglaublich?"

Mama neigt ihren Kopf nach hinten und blickt auf die hohe Kuppel.

„Ich kann es kaum erwarten, Messi am Samstag im Spiel zu sehen", sagt Paul.

Mama seufzt. Sie setzen die Tour fort.

Als sie es durch die Warteschlange zum Turm geschafft haben, gehen Mama und Paul nach oben. Die Steintreppe ist schmal und lässt jeweils nur eine Person passieren. Fensterlose Luken entlang der Wände werfen Lichtflecken über die Stufen. Von jeder Luke aus können sie die Spitzen der Türme sehen, die mit bunten Mosaiken überzogen sind. Die Touristen schnappen nach Luft, während sie langsam die steile Treppe hinaufsteigen.

„Mama, das ist langweilig!", meckert Paul.

„Warum ist das langweilig? Das ist wie eine Szene aus Harry-Potter!"

„Ich will keine Treppen steigen." Paul bleibt einfach stehen.

„Paul, da sind Leute hinter uns. Du kannst nicht anhalten." Mama schaut auf einen Touristen, der hinter Paul stehenbleibt und schwer atmet.

Paul kreuzt seine Arme vor der Brust und schaut Mama trotzig an.

„Geh weiter, sonst bringe ich dich nicht zum Spiel!" Mama verliert die Geduld.

„Das wirst du nicht tun", grinst Paul.

„Warum stehen?" fragt der Tourist auf Englisch mit russischem Akzent und macht eine Handbewegung nach oben.

„Es tut mir so leid." Sagt Mama verlegen auf Englisch. Sie wendet

PAUL REIST NACH BARCELONA

sich an Paul. „Paul, beweg dich!", fleht sie.

„Ich will im offiziellen Fanshop des FC Barcelona einkaufen gehen", fordert Paul.

„Los, nicht stehen bleiben!", sagt der Tourist ungeduldig.

Mama beugt sich zu Paul, ihr Gesicht nur wenige Zentimeter von seinem entfernt, und sagt in ruhigem Ton: „Ich meine es ernst. Ich mag es wirklich nicht, wie du dich verhältst. Ich habe diese ganze Reise für dich organisiert. Ich bitte dich, nur diese eine Sache für mich zu tun, und du benimmst dich daneben. Jetzt beweg dich bitte!"

Mama dreht Paul den Rücken zu und steigt weiter die Treppe hinauf. Paul schmollt und folgt ihr. Sie beenden die Tour, ohne miteinander zu sprechen.

Schließlich erreichen sie die letzte Halle - den Souvenirladen. Buchsammlungen, Miniaturskulpturen, Becher, Spielzeug und Schlüsselanhänger sind auf Glastischen angeordnet. Paul inspiziert die Ware.

„Mama, kauf mir einen Sagrada Familia Schlüsselanhänger", bettelt er.

„Ruhe! Genug ist genug!" zischt Mama ihn an.

Paul geht wütend zu einem nahegelegenen Verkaufstisch und demonstriert seinen Unmut und seine Unabhängigkeit. Er ignoriert Mama und schaut sich die ausgestellten Souvenirs an.

Mama gibt vor, sich auf die Souvenirs auf dem Tresen vor ihr zu konzentrieren, aber sie beobachtet Paul aus dem Augenwinkel und ist dankbar, dass er in seinem Barca-Trikot leicht von den anderen Touristen zu unterscheiden ist. Paul geht entschlossen zu einem

Tresen am anderen Ende der Halle.

„Entschuldigung?" Eine japanische Touristin spricht Mama auf Englisch an.

„Ja?"

„Könnten Sie ein Foto machen?" Die Touristin zeigt auf sich und ihren Mann, der neben ihr steht.

Mama stimmt zu, und der Mann übergibt ihr eine hochmoderne Kamera und zeigt ihr, welchen Knopf sie drücken muss. Das Paar stellt sich vor Mama auf.

„Einen Moment! Gehen Sie bitte etwas nach rechts", sagt der Mann. Er zeigt mit den Händen auf die Position, wo Mama sich hinstellen soll, damit sie ein besseres Bild bekommen.

„Bereit?", fragt Mama, sobald sie an ihrem Platz ist. Sie nicken mit dem Kopf.

Mama blickt in Pauls Richtung. Sie sieht ihn nirgendwo.

Schockiert drückt sie die Kamera den verwirrten japanischen Touristen in die Hand und läuft auf die andere Seite der Halle, wo Paul gestanden hatte.

Er ist nirgendwo zu finden.

Verblüfft dreht sie sich auf der Stelle und durchsucht die Menge nach Pauls Barca-Trikot. Sie spürt, wie Panik in ihrem Körper aufsteigt. Wo ist Paul?

Sie sucht nach den Ausgängen aus dem Flur. Einer führt zur Kirche, der andere zur Straße. Sie rennt durch einen kurzen Korridor zum Straßenausgang und manövriert sich durch die Menge. Sie erreicht den Kontrollpunkt und stellt sich auf die Zehenspitzen, um einen Blick auf die Straße über die Köpfe der Menschen zu werfen.

„Sir, haben Sie gerade einen kleinen Jungen aus dem Gebäude herauskommen sehen?" fragt sie den Wachmann und hofft, dass er Englisch spricht. In ihrer Stimme schwang Angst.

Der Wachmann sagt etwas auf Spanisch. Mama versteht überhaupt nichts. Sie läuft wieder hinein und ruft laut Pauls Namen.

Sie erreicht den Laden und läuft zwischen den Tresen hin und her, aber es gibt keine Spur von Paul.

Sie hält an und sucht in ihrem Rucksack nach ihrem Handy. Ihre Hände zittern, als sie mit dem Finger über den Bildschirm streicht. Wen soll sie anrufen? Sie wirft es zurück in den Rucksack und setzt ihre Suche fort.

Paul verlässt die Toilette und kehrt zurück in den Souvenirladen, zufrieden mit seinem kleinen Unabhängigkeitsabenteuer. Er geht dorthin, wo Mama gestanden hat, aber er sieht sie nicht.

Er sieht viele Menschen, die in Sprachen sprechen, die er nicht versteht. Sein Herz beginnt in seiner Brust zu hämmern. Wo ist Mama? Er schaut sich immer wieder um, aber sie ist nirgendwo in Sichtweite. Tränen schießen ihm in die Augen.

Warum ist er, ohne etwas zu sagen zur Toilette gegangen? Er läuft durch die Touristen und sucht nach Mamas schwarzem Mantel, aber er kann kaum sehen, weil seine Augen mit Tränen gefüllt sind.

Vielleicht hat Mama ihn allein gelassen? Warum hat er nicht auf sie gehört? Warum hat er sie verärgert?

Eine Dame mit einem großen Hut fragt ihn etwas, aber er versteht nicht, was sie sagt. Er fängt an zu schluchzen.

In diesem Moment kommt Mama in den Souvenirladen.

„Mama!", ruft Paul erleichtert.

„Paul!" Mama eilt zu ihm, fällt auf die Knie, küsst ihn und umarmt ihn fest. So stehen sie eine Minute lang.

„Oh, Paul... du hast mich zu Tode erschreckt." sagt Mama und wischt seine Tränen ab.

„Ich habe dich nicht gesehen... Ich hatte Angst", sagt Paul.

„Ich auch. Das darf nie wieder passieren. Von nun an halten wir uns die ganze Zeit an den Händen, ok?"

Paul nickt zustimmend.

„Gut. Wo warst du?", fragt Mama und zittert immer noch.

„Ich war genau hier", murmelt Paul.

„Wirklich? Hier?", fragt Mama und küsst ihn auf die Wange. „Egal, das Wichtigste ist, dass wir uns gefunden haben. Ich muss mich setzen", sagt sie und lässt sich auf dem Boden nieder.

„Ich muss mich auch setzen", schließt Paul sich ihr an.

Sie sitzen ein paar Minuten lang ruhig da, nehmen abwechselnd einen Schluck aus ihrer Wasserflasche und schöpfen Atem.

„Können wir weitergehen?" fragt Mama, als sie sich von diesem Erlebnis etwas erholt hat.

„Ja, Mama", sagt Paul, und steht auf.

Sie nehmen ihre Rucksäcke wieder auf den Rücken. Paul wirft einen letzten Blick auf die Andenken.

„Kannst du mir eine Sagrada Familia-Statue kaufen?" fragt er, als er Mama seine Hand gibt.

Mama wirft ihm einen eisigen Blick zu. „Im Ernst?"

Paul ist unschlüssig. „Oder wenigstens ein Eis?"

Mama seufzt.

„Nur wenn du mich meine Telefonnummer auf deinen Arm schreiben lässt!"

Das Training des Teams

Mama und Paul, die sich fest an den Händen halten, kommen aus einem Bahnhof auf einen kleinen Platz, umgeben von bunten, zweigeschossigen Häusern im spanischen Stil. Mama lässt Pauls Hand los und holt ihr Handy aus ihrem Rucksack. Sie überprüft ihren Standort mit Google Maps.

„Mama, was ist das hier für ein Ort?"

„Dies ist eine Stadt außerhalb von Barcelona. Das FC Barcelona Trainingsstadion soll hier sein. Hier trainiert das erste Team."

„Sie trainieren nicht in Camp Nou?"

„Meistens nicht. So steht es auf ihrer Website."

„Wir werden ein echtes Training sehen?!" ruft Paul begeistert.

„Es ist nicht einfach zu finden, aber wir werden es versuchen." Mama lächelt.

„Los geht's!" Paul greift nach Mamas Hand und zieht sie vorwärts.

Sie gehen und gehen, aber es gibt keine Anzeichen von einem Gebäude, das wie ein berühmtes Stadion aussieht. Mama fragt die Leute, die vorbeigehen, wo sich das Stadion vom FC Barcelona befindet, aber die meisten von ihnen sprechen kein Englisch. Sie verstehen „Barcelona" und „Fußball", und deuten mit den Händen in die richtige Richtung.

Nach einer Stunde Fußmarsch erreichen sie den Stadtrand. Sie sehen Industriegebäude, verfallene alte Häuser und eine Autobahn in der Nähe. Sie nähern sich einem Gebäudekomplex, der sich über einige Blöcke erstreckt, eingezäunt soweit das Auge reicht, und mit einem großen FC Barcelona-Logo auf einem der höheren Gebäude. „Das muss es sein", vermutet Mama.

Paul greift nach ihrer Hand und schenkt ihr ein breites Lächeln.

Das Haupttor ist geschlossen und es ist niemand in der Wachkabine, also machen sie Fotos und gehen weiter auf dem Bürgersteig. Paul lässt Mamas Hand los und läuft an der Wand entlang.

Sie passieren zwei sportlich aussehende Teenager mit FC Barcelona-Trainingsuniformen.

„Vielleicht sind sie aus dem Jugendteam", sagt Paul bewundernd.

Ein Lieferwagen steht am Bürgersteig und entlädt einige Waren. Es sind keine weiteren Leute in Sichtweite.

„Ich glaube nicht, dass es jetzt eine Trainingseinheit gibt", sagt Mama enttäuscht.

„Warum nicht?", fragt Paul.

„Es sind zu wenig Leute da. Oder vielleicht wissen die Touristen einfach nichts von diesem Ort?"

„Wir müssen es herausfinden! Lass uns gehen." Paul zeigt nach vorne, wo die Masten der Stadionbeleuchtung oberhalb der Mauer sichtbar sind.

Sie gehen weiter. Als sie an der Ecke nach links abbiegen, sehen sie, dass diese Seite der Mauer niedriger ist, etwa einen Meter höher als der Durchschnittsmensch. Über der Wand befindet sich ein Drahtzaun, der mit einem grünen Sichtschutz versehen ist. Es ist kein Eingang in Sichtweite.

„Es tut mir leid, mein Liebling. Ich wollte wirklich auch eine Trainingseinheit sehen, aber es gibt keinen Weg hinein. Wir haben es versucht. Wir haben unser Bestes getan", sagt Mama.

Paul sieht sie enttäuscht an.

„Lass uns etwas essen gehen", schlägt Mama vor.

In diesem Moment hören sie eine energische Stimme, die innen Anweisungen auf Spanisch brüllt.

„Hast du das gehört?", fragt Paul.

Sie hören mehr Stimmen auf Spanisch.

„Ich verstehe nicht, was sie sagen, aber es könnte eine Trainingseinheit sein", sagt Mama hoffnungsvoll.

„Ja! Ja! Ja!", schreit Paul. „Sie trainieren drinnen! Messi! Neymar! Suarez!"

„Und wir kommen nicht rein...", sagt Mama.

„Iniesta! Dani Alves! Piqué! Rakitić!" Paul explodiert.

„Ich verstehe, Paul."

„Und Turan! Bravo! Busquets!" Er springt verzweifelt.

"Ich weiß, Paul, aber wir kommen immer noch nicht rein."

„Schau, was die Leute hier geschrieben haben!" Paul zeigt auf einige Schriftzüge an der Wand. „Messi - du bist die Nummer eins! - Gary, Hong Kong. Messi ist der Beste - China. Messi - wir kommen aus Kurdistan."

„Ich muss Elias anrufen! Ich muss es ihm sagen! Mama, gib mir dein Handy!" ruft Paul aufgeregt.

„Elias ist wahrscheinlich gerade in der Schule. Es ist kein guter Zeitpunkt, ihn anzurufen", sagt Mama.

Sie hören die spanischen Stimmen wieder.

„Hörst du das?" Paul kann sich nicht beherrschen. „Sie sind drin!" Paul steckt seine Hand in Mamas Rucksack und greift nach dem Telefon.

„Aber wie verstehen die Spieler, was der Trainer sagt? Neymar kommt aus Brasilien. In Brasilien spricht man Portugiesisch", bemerkt Mama.

„Ja, und Rakitić kommt aus Kroatien. Na und? Sie sprechen alle Spanisch", sagt Paul selbstbewusst, während er wählt.

„Hallo?" Elias geht ans Telefon.

„Elias! Ich bin in der Nähe des Barca-Stadions! Ich werde das Barca-Team trainieren sehen! Ich werde Messi sehen!"

„Wen interessiert das?" Elias grinst: „Messi ist Müll, Ronaldo ist der Beste!"

„Du hast ja null Ahnung! Ich lege auf!", ruft Paul.

„Sei nett, Paul. So spricht man weder mit Freunden noch mit sonst jemandem", ermahnt Mama ihn.

Paul wirft das Telefon zurück in Mamas Rucksack.

„Also, wie geht's jetzt weiter?", drängt er.

„Ich weiß wirklich nicht", sagt Mama.

Sie inspizieren die Wand. Sie hat einige Vertiefungen, und Paul nähert sich einer und versucht, seinen Fuß hineinzudrücken. Mama schaut sich um, um sicherzustellen, dass niemand kommt.

„Mama, ich kann klettern", sagt Paul.

„Ich glaube nicht. Die Wand ist zu hoch... Dein Spielzeughubschrauber wäre jetzt doch nützlich", lächelt sie.

„Lass uns gehen und einen kaufen!" ruft Paul.

„Sicher, gehen wir! Ich habe zusätzliches Geld, das ich loswerden muss!", scherzt Mama.

Paul betrachtet sie misstrauisch. „Das ist nicht lustig!"

Er dreht sich zur Wand und versucht, sie wieder zu erklimmen, aber es gibt keine Rillen, an denen er sich mit den Händen festhalten kann.

„Heb mich hoch, Mama", bettelt er.

„Es wird immer noch zu hoch sein, Paul, auch wenn ich dich hochhebe."

Paul sieht ein, dass sie Recht hat.

„Mama, der Selfie-Stick! Gib ihn mir", sagt er.

„Wow....Du bist brillant, Paul! Er könnte gerade lang genug sein, um Fotos zu machen."

Paul lächelt stolz. Mamma holt den Selfie-Stick aus ihrem Rucksack und zieht ihn auf seine maximale Länge aus. Sie verbindet das Handy mit dem Stick.

„Ich packe es in meinen Rucksack. Sobald du oben bist, musst du es dir schnappen. Lass uns schnell machen." Sie schaut sich nervös um.

Mama legt ihre Hände zusammen. Paul greift nach ihren Schultern und setzt einen Fuß auf ihre Handflächen. Er zieht sich in eine stehende Position hoch, lehnt sich mit einer Hand an die Wand, packt Mamas Schulter mit der anderen.

"Jetzt schnapp dir den Stick", fordert Mama ihn auf.

Paul balanciert sich aus, lässt ihre Schulter los und greift nach dem Selfie-Stick. Er hält ihn mit Mühe und hebt ihn so hoch wie möglich. Er reicht genau bis zum unteren Ende des Drahtzauns.

„Super! Jetzt versuch, ihn unter den Sichtschutz zu schieben", sagt Mama.

Paul versucht es ein paar Mal und schafft es schließlich.

„Es funktioniert! Mama, es funktioniert!", schreit er.

„Drück den Knopf", sagt Mama. „Ich kann dich nicht mehr lange halten."

Paul versucht, den Stick so zu fassen, dass sein Finger den Knopf erreicht. „Ich kann nicht", sagt er und lässt fast das Telefon los.

„Lass mein Handy nicht fallen!", schreit Mama.

„Ich versuche es", sagt er und schwankt bedenklich.

„Señora! Que está haciendo?", ertönt eine energische Männerstimme auf Spanisch.

Mama zuckt überrascht zusammen und lässt Paul fast fallen. Sie dreht den Kopf, und sieht, dass ein Polizist hinter ihnen steht. Sie versteht kein Wort, aber der Polizist sieht wütend aus.

„Oh, hallo." Mama lächelt ihn nervös an und lässt Paul herunter. Paul rutscht der Selfie-Stick aus der Hand und fällt auf den Asphalt.

„Qué está haciendo?", fragt der Polizist mit ernster Stimme.

„No hab-lo español, Sir." Mama versucht auf Spanisch zu

antworten, während sie schnell nach ihrem Telefon greift und auf den Bildschirm schaut, um zu sehen, ob es noch funktioniert.

„De donde erán?", fragt der Polizist. „Son Turistas?"

Das einzige Wort, das Mama versteht, ist „Tourist".

„Ja, Touristen.", antwortet Mama. „Ich spreche kein Spanisch." Sie lächelt ihn freundlich an.

„Kein Zutritt", sagt der Polizist streng in gebrochenem Englisch.

„Wir haben nicht versucht, hineinzukommen.... wir wollten nur zuschauen...", erklärt Mama ängstlich.

„Dáme sus pasaportes, por favor", befiehlt der Polizist.

Mama versteht nur das Wort „Pässe".

„Ich verstehe nicht, was Sie sagen, Señor", sagt sie.

„Ihre Passport bitte!", fordert der Polizist mit lauter Stimme.

Mamas Gedanken rasen. Wozu braucht er ihren Pässe? Kann er sie festnehmen? Sie tastet in ihrem Rucksack herum und versucht, Zeit zu gewinnen.

Der Polizist schaut sie ungeduldig an und tippt rhythmisch mit dem Fuß auf den Boden.

„Verhaftet er uns jetzt?", fragt Paul verängstigt.

„Ich weiß nicht", murmelt Mama.

„Warum?" Paul gerät in Panik. Er nähert sich Mama und greift nach ihrer Bluse.

„PASSPORT, Madam!" Der Polizist verliert seine Geduld.

„Ich suche, Sir...." Mama durchsucht hektisch ihren Rucksack.

Tränen laufen Pauls Wangen hinunter.

Mama hört auf zu suchen und tätschelt seine Schulter.

„Weine nicht, Pauli. Keine Angst", murmelt sie und blickt auf den Polizisten.

Paul weint noch mehr.

„Mein Sohn wollte nichts Böses, Sir", fleht Mama. „Können wir nicht einfach gehen?"

Der Polizist sieht verwirrt aus. „No se entiendo", sagt er.

„Können wir gehen? Bitte?" Mama gestikuliert mit ihren Händen, um einen Abschied zu demonstrieren und legt ihre Handflächen in einer flehentlichen Geste zusammen.

Mama und Paul schauen den Polizisten erwartungsvoll an. Der Polizist ist unschlüssig.

„Ok, Señora", sagt er.

„Danke! Ich danke Ihnen vielmals!" Mama verbeugt sich erleichtert vor dem Polizisten.

Sie nimmt Paul an der Hand und geht mit ihm schnell davon, ohne zurückzuschauen.

„Er wird uns nicht verhaften?" Paul wischt sich das Gesicht ab.

„Du warst großartig, Paul! Du hast uns gerettet. Gut gemacht", sagt Mama erleichtert.

„Wollte uns der Polizist ins Gefängnis bringen, Mama?"

„Ich glaube nicht. Lasst uns einfach hier verschwinden."

Sie blicken zurück auf den Polizisten, der in die andere Richtung geht.

Paul holt einen Marker aus seinem Rucksack und kritzelt schnell an die Wand: „Paul war hier!"

Super-Power-Saft für Kreativität

Der Markt von La Boqueria ist voll. Einheimische und Touristen wandern zwischen den Ständen mit Obst und Gemüse, die in bunten Arrangements gestapelt sind. Verkäufer schreien, um für ihre Waren zu werben.

Mama und Paul sitzen an der Bar eines Imbisses zwischen anderen Touristen. Eine Tafel zeigt das Tagesmenü an. Im Servicebereich grillt ein großer Mann in einer weißen Kochjacke Meeresfrüchte auf einer Grillplatte. Ein Teller mit Fisch, gegrilltem Gemüse und dem berühmten spanischen Ceviche-Gericht steht vor Mama und Paul.

„Ich will einen Hamburger mit Pommes!", quengelt Paul.

„Nein, heute essen wir etwas Gesundes. Du musst gutes Protein essen, wenn du eines Tages ein professioneller Fußballspieler werden willst", erklärt Mama.

„Das ist ekelhaft!"

„Messi isst das auch", argumentiert Mama.

„Ich glaube dir nicht."

Mama seufzt.

„Und, hattest du Angst vor dem Polizisten?" lenkt sie Paul ab, als sie ihm eine Gabel mit Fisch in den Mund steckt.

„Nicht wirklich." Paul beißt rein.

„Ich schon", gibt Mama zu und schafft es, Paul ein weiteres Stück Fisch in den Mund zu stecken.

„Was jetzt?", fragt Paul beim Kauen.

„Jetzt ruhen wir uns aus. Ich habe genug für einen Tag", sagt Mama. „Das Spiel ist morgen. Wir sollten es ruhig angehen."

„Ja, der Clásico! Real Madrid wird aus dem Stadion gefegt! Ronaldo ist Geschichte!", ruft Paul aus.

„Warum nennst du es eigentlich den Clasico?", fragt Mama.

„"El Clásico" So nennt sich die Begegnung zwischen der FC Barcelona und dem Real Madrid. Zwei der besten Mannschaften der Welt treffen mindensten zwei mal im Jahr aufeinander. Real Madrid ist Barcelonas größte Erzrivale."

„Ich mache mir Sorgen. Es wird morgen bestimmt voll und chaotisch da draußen sein", sagt Mama.

„Barca hat kein einziges Mal in 39 Spielen verloren! Sie haben einen Vorsprung von zehn Punkten auf Real. Selbst wenn Real siegt, haben sie keine Chance, die Liga zu gewinnen", sagt Paul zu ihr.

„Hör mir zu, Paul, du wirst in meiner Nähe bleiben müssen. Und falls du dich verirrt haben solltest, musst du jemandem deinen Arm mit der Telefonnummer zeigen. Einverstanden?" Mama rollt den Ärmel hoch, um zu überprüfen, ob die Nummer noch da ist.

„Und was ist mit Messis Autogramm?"

„Antworte mir, bitte. Sag Ok."

„Ok. Was ist mit dem Autogramm?"

„Ich weiß nicht. Trink diesen Saft." Mama bewegt ein Glas Orangen-Karottensaft vor Paul.

„Ich möchte lieber Coca-Cola trinken."

„Wir werden früher kommen und versuchen, die Spieler zu sehen, wenn sie hereinkommen. Vielleicht kommen wir nah genug heran, um nach einem Autogramm zu fragen." Mama hält Paul den Saft direkt vor die Nase.

„Das ist dein Plan?", fragt Paul.

„Hast du einen besseren?", fragt Mama zurück.

„Im Moment nicht", gibt Paul zu.

„Trink den Saft. Es ist ein Super-Power-Saft mit zusätzlichen Vitaminen. Er kann dir helfen, Ideen zu bekommen."

Paul nimmt nachdenklich einen Schluck von dem Saft.

Das Spiel

Um die Schranke auf beiden Seiten der Einfahrtsstraße zum Camp Nou Stadion drängt sich eine aufgeregte Menge. Vorne eingeklemmt, Handykamera bereit in der Hand, beobachten Mama und Paul aufmerksam jedes vorbeifahrende Auto.

Luxuslimousinen fahren vorbei, aber bisher gab es keine berühmten Fußballspieler hinter den dunklen Fenstern.

Paul fährt mit der Hand durch sein Haar und überprüft, ob seine Frisur noch richtig sitzt. Auf seine und Mamas Wangen sind Streifen in Rot, Gelb und Blau gemalt - die Farben des FC Barcelona. Paul hat seinen Barca-Schal und sein Trikot an. Eine große Rolle Papier ragt aus Mamas Rucksack.

„Wann kommt Messi?", fragt Paul.

„Zwei Stunden bis zum Spiel…. Ich denke, es sollte nicht mehr lange dauern", antwortet Mama.

Ein weiteres Auto fährt in die Einfahrt. Ein Wachmann hält es an und bittet den Fahrer um Papiere.

„Wann kommt Messi?", ruft Mama ihm zu, als das Auto wegfährt.

„Messi ist schon lange eingetroffen", lächelt der Wachmann.

Ein kollektiver Seufzer der Enttäuschung ertönt von überall, und die Menge verteilt sich in Richtung Stadion.

45 Minuten vor Beginn des "größten Spiel der Welt" öffnen sich die Tore. Die aufgeregte Menge strömt zu den Eingangstüren des Stadions. Fans aus aller Welt plaudern auf Spanisch, Französisch, Italienisch, Arabisch, Englisch, Deutsch, Türkisch, Japanisch und vielen anderen Sprachen. Viele buntgekleidete Fans auf ihrer Lieblingsmannschaft Barcelona und dessen Symbolik farblich abgestimmt. Einige haben sogar ihre Gesichter bemalt.

Paul hält Mamas Hand fest.

Sie stehen in der Schlange für die Sicherheitskontrolle. Als sie am Kontrollcheck ankommen, zeigt der Wachmann auf die große Papierrolle in Mamas Tasche, schüttelt missbilligend den Kopf und sagt etwas auf Spanisch. Mama rollt das Poster auf, das sie aus dem gekauften Papier selbst hergestellt hat. Darauf steht: „Wir lieben dich, Messi! Los, Barca!"

Der Wächter zeigt auf den Mülleimer.

„Warum? Es ist nur ein Poster. Ich habe es selbst gemacht", fragt Mama enttäuscht.

Die Wache zeigt immer wieder auf den Behälter. Mama sieht, dass die Menschen hinter ihnen anfangen, unruhig zu werden. Sie gibt auf und wirft das Poster weg.

Es dauert eine Weile, bis Mama und Paul ihren Platz gefunden haben. Sie wandern voller Ehrfurcht unter den begeisterten Fans, bis sie ihre Plätze in der zweiten Galerie in der Mitte des Feldes finden. Das Stadion ist brechend voll. Es wird Musik abgespielt. Die Menschen fotografieren sich mit dem berühmten Fußballplatz im Hintergrund.

El Cant del Barça, die Vereinshymne des FC Barcelona beginnt zu spielen, und alle singen mit. Danach kommen die Spieler des Barca-Teams nacheinander auf das Spielfeld. Der Ansager präsentiert jeden Spieler mit seinem Namen.

„Neymar Junior!", schreit er, und die Menge ruft: „Ney-mar, Ney-mar, Ney-mar!"

„Gerard Piqué!"

„Piiiiii-qué!", wiederholt die Menge. „Leo Mmeee----sssi!"

Jeder in der Menge flippt jetzt aus, auch Paul, der seine

Begeisterung darüber, seinen Helden im Stadium erleben zu dürfen, nicht zügeln kann!

Als die Mannschaft von Real Madrid das Feld betritt, stehen die Barca-Fans auf, schreien laut aus voller Kehle und pfeifen vor Verachtung. Besonders, als Ronaldo, der Kapitän von Madrid, einläuft.

„Buh! Buh! Buh!", schließt Paul sich an.

„Das ist nicht nett", weist ihn Mama zurecht.

„Buh!" Paul lächelt und schreit lauter.

Auf der anderen Seite des Stadions schreien die Real Madrid-Fans ebenfalls, um ihre Mannschaft anzufeuern und zu versuchen, lauter zu sein als die Barca-Fans.

Die Fußballspieler beginnen ihr Aufwärmspiel. Messi und Neymar spielen sich abwechselnd einen Ball zu. Messis kalkulierte präzise Bewegungen und Neymars agiler Stil sind klar zu unterscheiden.

„Na, gemeinsam Mitfiebern macht gleich doppelt soviel Spaß, stimmt's Paul?", fragt Mama ihren Sohn, der mittlereile mit fokussierter Aufmerksam das Spiel beobachtete.

„Mama, kannst Du bitte still sein. Ich konzentriere mich gerade", antwortet er, ohne den Kopf zu drehen.

Der Anpfiff ertönt, und das Spiel beginnt hektisch. Das Barca Team spielt in seiner gewohnten Art mit kurzen Pässen, während es sich auf das gegnerische Tor zubewegt und nach Möglichkeiten Ausschau hält. Ihr angreifendes Trio Messi-Neymar-Suarez sucht nach Lücken.

Real Madrid spielt eine defensive Taktik. Sie bilden eine starke Formation um ihr Tor herum, wobei jeder Spieler einen Barca-Spieler konsequent bewacht und ihnen keine Chancen gibt. Die berühmten Stürmer von Real, Ronaldo, Gareth und Benzema, versuchen eigene Angriffstaktiken und Tricks.

Der Druck ist immens. In der ersten Viertelstunde versuchen die Katalanen, Kontrolle über das Spiel zu bekommen. Beide Teams spielen sehr aggressiv. Fouls werden auf beiden Seiten begangen, während sie um den Ballbesitz kämpfen. Mit jedem Foul springt die Menge auf die Beine und protestiert lautstark.

Ramos, ein aggressiver Real Madrid-Spieler, foult Messi. Messi fällt mit dem Gesicht nach unten auf den Rasen. Ob der Schiedsrichter jetzt Vorteil gelten lässt oder das Foul nicht gesehen hat? Der Schiri blickt zu seinem Linienrichter, der hektisch auf die

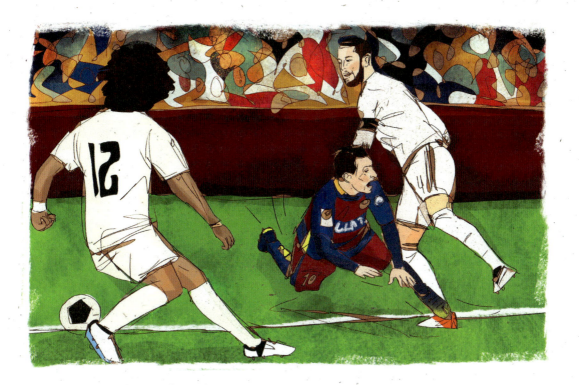

Uhr deutet und lässt weiterspielen.

„Was? Warum das denn?", ruft Paul impulsiv.

Obwohl das Team von Barcelona die meiste Zeit den Ball hat, gelingt es ihnen nicht, einen Treffer zu erzielen. Die erste Hälfte des Spiels endet mit 0:0.

Zur Halbzeit holen Mama und Paul sich Popcorn, während sie sich fest an den Händen halten.

Dann beginnt die zweite Halbzeit.

In der 60. Minute greift Barca an. Rakitić Eckstoß wird von Verteidiger Piqué hervorragend angenommen, indem er den Ball mit einen atemberaubenden Kopfball ins gegnerische Tor lenkt. Camp Nou explodiert! Es steht 1:0 für Barcelona!

„Ja! Los Barca!", schreit Paul vor Begeisterung. Auf dem Feld geht der Kampf weiter, allerdings diesmal mit weniger Druck von Barca, dessen Spieler jetzt selbstbewusster sind. Sie brauchen nicht mehr als 1:0, um ihren Rivalen zu besiegen.

In der 72. Minute nimmt Real Barca den Ball ab und startet einen Gegenangriff. Sie rücken auf die Barca-Seite des Feldes vor, bevor Barcas Verteidigung darauf vorbereitet ist, und Benzema erzielt ein Tor mit einem akrobatischen Scherenschlag. Das Ergebnis ist 1:1!

„Oh Gott!", jammert Mama. Paul ist sprachlos.

Das Spiel geht weiter, und Real Madrid spielt selbstbewusster.

Plötzlich sehen sie jedes Mal, wenn sie angreifen, gefährlich aus. Die Barca-Fans halten den Atem an. Paul kaut an seinen Fingernägeln.

Obwohl das Ergebnis immer noch 1:1 ist, sieht es so aus, als wäre Barcelona auseinandergebrochen. Die solide Verteidigung von Real lässt sie nicht in die Nähe ihres Tores kommen.

In einem weiteren Angriff von Real, von der linken Flanke aus, gibt Gareth den Ball an Ronaldo weiter. Ronaldo stoppt den Ball mit seiner Brust und schießt ihn ins Netz. Ein schönes Tor!

Der Jubel der Real Madrid-Fans ist ohrenbetäubend. Ronaldo vollführt seinen charakteristischen Torjubel-Tanz.

Mama verbirgt ihr Gesicht in den Händen. Paul kann seinen Augen nicht trauen.

Was für eine Katastrophe! Real Madrid lag erst hinten und hat schließlich doch die Führung übernommen. Nun stehen letzte zehn Minuten an, vor Spielende, die es in sich haben könnten.

Barca kämpft weiter, aber nichts scheint zu funktionieren. Alle ihre Angriffe werden von den Blancos gekontert, und Real Madrid spielt auf Zeit. Das Spiel endet mit einer Niederlage für Barcelona, 2:1 für Real.

Mama und Paul sitzen sprachlos auf ihren Stühlen. Pauls Augen sind tränenfeucht.

„Wie kann das sein? Wie kann Messi verlieren?", murmelt Paul.

„Jeder verliert manchmal", sagt Mama traurig.

„Nein, doch nicht Messi!" ruft Paul.

„Aber er reißt sich immer zusammen, lernt aus seinen Fehlern und macht weiter", tröstet Mama sich und Paul.

Schließlich beginnen die geschockten Barca-Fans, sich zu zerstreuen.

Messis Haus

Es ist ein verschlafener Sonntagmorgen in einer spanischen Stadt am Meer. Der Zug aus Barcelona hält am zweigleisigen Bahnhof, und mehrere Personen steigen aus. Mama und Paul sind unter ihnen. Sie gehen hinaus auf den Hauptplatz der Stadt. Mama schaut sich um und schützt ihre Augen vor der Sonne. Sie sieht einen Spielplatz mit ein paar Skulpturen, einige türkische Restaurants und Berge in der Ferne. Sie überprüft ihr Telefon und zeigt auf den Weg.

„Woher weißt du denn, wo Messi wohnt?", fragt Paul.

„Ich habe es im Internet aufgesucht und gefunden. Laut Google Maps müssen wir etwa eine halbe Stunde zu Fuß gehen."

Sie gehen die Hauptstraße entlang in Richtung der grünen Hügel. Im Schaufenster einer Patisserie, an der sie vorbeikommen, sind unzählige

Schokoladenskulpturen ausgestellt mitunter auch eine Statue von Messi.

Während sie sich vom Stadtzentrum entfernen, sind weniger Geschäfte und mehr Wohnhäuser sichtbar. Am Fuße der Hügel angekommen, werden die dreistöckigen Häuser zu Privathäusern mit gepflegten Gärten davor. Hier und dort riecht es angenehm nach Holzkohle. Die Leute beginnen mit dem sonntäglichen Grillen.

Die Straße wird zunehmend steiler, während sie die Hügel hinaufführt. Villen ersetzen die Häuser, die man vorher sah, viele mit großzügigen Terrassen und einem atemberaubenden Blick auf das Mittelmeer. Auf der Spitze des Hügels erreichen Mama und Paul einen natürlichen Wald, mit ausgefallenen Villen darin, die sich zwischen die Pinien und Eichen schmiegen.

„Mama, bist du sicher, dass wir in die richtige Richtung gehen?", fragt Paul.

„Ich glaube schon. Es gibt niemanden, den man fragen kann", antwortet Mama.

Schließlich erreichen sie die Adresse, die Mama im Internet gefunden hat.

„Das ist es, Paul! Das ist Messis Haus", sagt Mama aufgeregt.

„Wow! Ich bin bei Messis Haus!" ruft Paul aufgeregt und nimmt das Telefon, um von dem Haus Bilder aus allen möglichen Blickwinkeln zu schießen. Da es höher und an einem Hang gebaut ist, ist das bescheidene Haus von der Straße aus gut sichtbar. Auf dem Balkon des Nachbarhauses trinkt ein älteres Paar Kaffee in der Sonne und unterhält sich auf Spanisch.

Es gibt keine Häuser weiter unten auf der Straße, nur den Wald.

„Mama, glaubst du, Messi ist zu Hause?", fragt Paul.

„Es ist Sonntag. Er könnte zu Hause sein und sich von der Niederlage gestern Abend erholen. Aber das sieht nicht richtig aus", fügt Mama hinzu.

„Was meinst du damit?"

„Das Haus ist zu sichtbar, zu alt. Vielleicht ist es nicht Messis Haus."

„Ist es nicht? Bist du sicher? Frag die Leute auf dem Balkon", schlägt Paul vor.

Mama zögert.

„Entschuldigung?", ruft sie schließlich und unterbricht den ruhigen Sonntagmorgen und das sanfte Zwitschern der Vögel.

„Donde casa Messi, por favor?", fragt sie auf Spanisch.

Das Paar starrt auf sie und Paul an.

„Messi casa?", versucht Mama es noch einmal.

Der Mann gibt ihr eine lange Erklärung auf Spanisch, aus der Mama schlussfolgert, dass sie auf die andere Seite des Hügels gehen müssen, in die Richtung, in die der Mann mit dem Finger zeigt.

„Gracias!", bedankt sich Mama bei ihm, und sie gehen weiter.

Sie erreichen die andere Seite des Hügels. Elegante Villen säumen die kurvige Straße zwischen den dicken Bäumen.

„Wir müssen jemanden finden, der Englisch spricht. Ich habe keinen blassen Schimmer, wohin wir gehen müssen", sagt Mama mit besorgter Stimme.

Sie wandern weiter in der Nachbarschaft, bis sie auf ein Paar in den Vierzigern stoßen, das mit seinem Hund, einem Husky, unterwegs ist.

„Entschuldigung? Sprechen Sie Englisch? Wissen Sie, wo Messis Haus ist?" Mama versucht es mit einfachem Englisch.

Das Paar lacht. Darauf hin antwortet der Mann Mama in gebrochenem Englisch. Er weiß, wo Messi wohnt. Es ist eine große weiße Villa, die von einer hohen weißen Mauer umgeben ist. Es ist unmöglich, von aussen hinein zu sehen. Der Mann erklärt, wie sie diese erreichen können, aber er sieht, dass Mama immer noch verwirrt ist. Er nimmt sein Handy heraus und zeigt ihr den genauen Standort auf Google Maps.

Paul und Mama beginnen zu keuchen, als sie wieder den Hügel hinaufsteigen.

„Wann kommen wir endlich an?", jammert Paul.

Mama ist genervt.

„War ich schon mal hier? Woher soll ich das wissen?"

„Weil du Mama bist", antwortet Paul. „Mama weiß alles! ."

Mama lacht.

„Ich weiß nicht alles. Niemand weiß alles", sagt sie.

Sie erreichen die Straße, die der Mann ihnen auf der Karte gezeigt hat. Es ist weit und breit niemand zu sehen. Sie finden eine hohe, weiße Betonmauer mit Überwachungskameras die den Blick nach innen versperrt.

Mama hält inne und starrt auf das Metalltor mit der Hausnummer darauf.

„Bist du sicher, dass es das ist?" fragt Paul.

„Ich bin mir ziemlich sicher. Sieht viel eher so aus. Die Adresse, die ich im Internet gefunden habe, muss falsch gewesen sein."

„Aber ich kann nichts sehen. Die Mauer ist zu hoch", sagt Paul.

„Das macht Sinn. Messi braucht seine Privatsphäre. Sonst wird er ständig von Fans belästigt."

„Heb mich hoch, Mama."

„Auf keinen Fall! Willst du, dass wir wieder in Schwierigkeiten geraten?"

„Dann lass uns Fotos machen", schlägt Paul vor.

Mama macht ein paar Fotos von Paul, der vor dem Tor steht.

„Was machen wir jetzt? Wie bekommen wir ein Autogramm?", fragt Paul, als sie fertig sind.

„Wir können nur warten. Vielleicht kommt Messi raus."
Mama nimmt ein Poster aus ihrem Rucksack und rollt es auf.
„Was ist das?", fragt Paul.
„Ich habe ein weiteres Poster gemacht", erklärt Mama stolz.
Paul betrachtet den bunten Text und die Zeichnungen eines Flugzeugs und zweier Herzen.
„Was steht da?", fragt er.
„Es ist auf Spanisch. Da steht: Messi, wir sind von weit

hergeflogen, um dich zu sehen. Bitte gib uns ein Autogramm. Wir lieben dich."

„Ich dachte, du kannst kein Spanisch?", fragt Paul.

„Ich habe es gegoogelt."

„Das ist peinlich!", erklärt Paul.

„Hier, halt mal." Mama überreicht ihm das Poster.

„Du hältst es", protestiert er.

„Warum ich? In den Händen eines kleinen Jungen ist es sinnvoller", sagt Mama.

Paul hält das Plakat nur widerwillig. Nach einer Minute reicht er Mama das Poster und schnappt sich ihr Handy. Er stellt es auf den Videomodus und drückt Aufnahme.

„Hallo, Freunde", imitiert Paul einen Moderator in einer Fernsehsendung. „Heute werde ich euch das Haus von Messi zeigen!" Er filmt das Tor mit der Hausnummer und fährt dann an der Wand entlang. „Falls ihr es nicht gewusst habt, Messi ist der beste Fußballspieler der Welt. Er ist..."

In diesem Moment öffnet sich das Tor, und ein großer Wachmann in blauer Uniform kommt heraus.

Paul erstarrt. Mama lächelt die Wache nervös an.

Der Wachmann betrachtet sie misstrauisch und spricht wütend Mama auf Spanisch an und zeigt dabei auf Paul.

„Keine Fotos?", errät Mama.

„Mama, wird er mich verhaften?", fragt Paul ängstlich.

„Nein, aber filmen ist verboten. Pack das Telefon weg!", fordert Mama ihn auf.

„Kein Foto", sagt die Wache.

Er bemerkt ihr Poster, findet es aber nicht lustig. Er sagt Mama, dass sie gehen muss. Mama versteht das an seinem gereizten Ton und seinen Handbewegungen.

„Wir gehen, wir gehen", versichert sie ihm, als sie das Poster zusammenrollt.

„Komm schon, Paul, wir müssen los", sagt sie.

„Aber ich habe kein Autogramm von Messi bekommen!", wendet Paul ein.

„Die Wache will uns hier nicht haben", drängt Mama.

Mit verschränkten Armen stehend, wartet der Wachmann darauf, dass sie gehen.

Plötzlich rennt eine Bulldogge aus dem offenen Tor und wedelt mit dem Schwanz, glücklich darüber, frei zu toben. Die Wache flucht in Panik und eilt hinterher, um ihn zu fangen.

„Mama, das ist Messi's Hund!", ruft Paul. „Ich habe Fotos davon im Internet gesehen!"

„Echt ? Das ist aber Cool!", sagt Mama.

Mit einem kleinen Lächeln auf den Gesichtern beobachten sie den Wachmann, während er dem Hund nachläuft und versucht, ihn in die Finger zu bekommen.

Schließlich fängt der Wächter das Tier und trägt es, zappelnd in seinen Armen, zurück ins Haus. Er wirft Mama und Paul einen letzten Blick zu, um sicherzustellen, dass sie gehen. Mama setzt ihren Rucksack auf den Rücken und wirft das Poster in einen Mülleimer in der Nähe.

Der Wachmann schließt das Tor.

„Paul, wir haben unser Bestes getan. Wir haben alles versucht. Es ist Zeit zu gehen."

„Aber, Mama! Wir können jetzt nicht aufgeben!"

„Willst du Ärger bekommen? Wir müssen jetzt los!" Mama dreht sich um, um zu gehen.

Paul folgt ihr widerstrebend. Nach ein paar Schritten greift er in seinen Rucksack und zieht ein kleines Paket heraus. Er rennt zurück zur Mauer und wirft das Paket so fest er kann darüber.

„Plan B!", ruft er, während er wirft.

„Was hast du getan? Bist du verrückt?", schreit ihn Mama empört an.

„Es ist ein Paket für Messi."

„Du kannst nicht einfach Sachen in die Häuser der Leute werfen!" schimpft Mama.

Hinter der Mauer beginnt der Hund wütend zu bellen. Mama und Paul sehen sich ängstlich an. Sie hören ärgerliche spanische Stimmen, die näher kommen.

„Oh, meine Güte, Paul, wir müssen hier weg!"

Die empörten Stimmen nähern sich dem Tor.

„Lauf!" Mama greift nach Pauls Hand und zieht ihn mit sich, während sie wegrennt. Sie laufen so schnell sie können. Hinter ihnen hören sie, wie sich das Tor öffnet.

„Schneller!", keucht Mama.

Sie biegen um eine Ecke in eine andere Straße und schauen nicht zurück. Das Bellen des Hundes kommt näher.

„Schneller!"

Außer Atem, mit auf den Rücken hüpfenden Rucksäcken rasen sie die Straße hinunter und halten sich dabei an den Händen.

„Ich liebe dich, Mama!", ruft Paul. „Du bist die beste Mama der Welt!"

Das Autogramm

Es ist Nacht auf dem Flughafen Barcelona. Mama und Paul sitzen nebeneinander auf einer Bank an ihrem Gate und warten auf ihren Heimflug. Sie sind beide sehr müde.

„Paul, versuch etwas zu schlafen", schlägt Mama vor.

„Ich kann nicht schlafen, Mama. Lass uns bitte ein Abendgespräch führen."

„Ich bin erschöpft." Mama rutscht auf ihrem Platz hin und her und versucht, eine bequemere Position zu finden.

„Eltern sollten abends mit ihren Kindern reden. Das haben sie uns in der Schule beigebracht", sagt Paul.

„Was ist überhaupt ein Abendgespräch?" Mama ist neugierig.

„Du musst drei meiner Fragen beantworten", erklärt er.

„Drei Fragen? Kannst du heute nur eine Frage stellen?"

„Ok", stimmt Paul zu.

„Kann ich dir eine Frage stellen? Ich habe auch eine", sagt Mama.

„Was ist deine Frage?"

„Was war in dem Paket, das du Messi gegeben hast?"

„Mein Messi-Album", antwortet Paul stolz.

„Dein Sammelalbum?", fragt Mama erschrocken. „Das, an dem du seit Jahren arbeitest? Das mit den besten Messi-Bildern? Und den Gedichten, die du über ihn geschrieben hast?"

„Ja, ich wollte ihm mein kostbarstes Stück geben."

„Wow! Ich bin froh, dass du es für deinen wertvollsten Besitz hältst. Und ich bin sicher, Messi weiß es auch zu schätzen." Mama lacht und gibt Paul eine kleine Umarmung.

„Kann ich meine Frage jetzt stellen?" fragt Paul.

„Schieß los!"

„Wie heißt der Haarschnitt von Messi?" fragt Paul.

„Messis Haarschnitt?!", lacht Mama.

In diesem Moment bricht in der Nähe des nächsten Gates Hektik aus. Eine Gruppe von Fußballspielern in weißen Uniformen geht vorbei, und eine aufgeregte Menge bildet sich um sie herum. Paul springt auf.

„Mama, es ist das Team von Real Madrid"

„Real Madrid!??!"

„Ja! Ja! Ja! Es ist Ronaldo!", ruft Paul.

„Ronaldo?"

„Der dritte Typ von hinten. Mit den schrecklichen Haaren!" ruft Paul aus.

„Oh, meine Güte! Paul, lauf und hol ein Autogramm!"

„Niemals! Ronaldo ist kein Messi", ruft Paul.

Die Gruppe der Fußballspieler bleibt stehen, während sich eine

Menge um sie herum versammelt und sie um Autogramme bittet.

„Sie müssen auf dem Heimweg von dem Spiel sein", vermutet Mama. „Zu schade, dass Elias nicht hier ist! Paul, hol wenigstens ein Autogramm für Elias!"

„Auf keinen Fall! Ich habe ihn von meiner Freundesliste gestrichen."

„Das hast du nicht! Tu es für ihn! Er wäre überglücklich!" drängt ihn Mama.

„Ich habe ihn auch aus der Gruppe „Die besten und coolsten Fußballspieler der 4. Klasse" gestrichen", fährt Paul fort.

„Komm schon! So behandelt man Freunde nicht!"

Mama sucht in ihrem Rucksack und reicht Paul Papier und einen Stift. „Schnell! Los! Bevor sie weg sind!"

Mit einem Seufzer rennt Paul zögernd auf die Gruppe der Fußballspieler zu und reiht sich in die Schlange der anderen Fans ein.

Während er wartet und den zweitbesten Fußballspieler der Welt anstarrt, lächelt Paul. Er wird bei Elias etwas guthaben!

Und obwohl dieser Urlaub vielleicht nicht ganz so verlaufen ist, wie er es erwartet hat, hat er trotzdem viel Spaß gehabt. Außerdem gibt es noch Hoffnung für Plan B, da er in das Paket an Messi auch seinen Autogrammwunsch und seine Heimatadresse gelegt hat.

PAUL REIST NACH BARCELONA

TANYA PREMINGER

Zwei Monate später kommt dies mit der Post an:

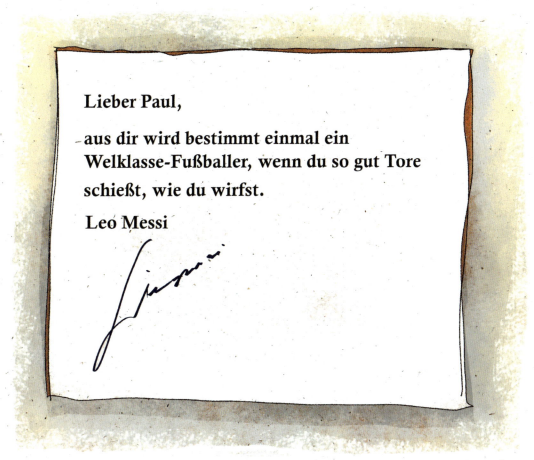

Lieber Paul,

aus dir wird bestimmt einmal ein Welklasse-Fußballer, wenn du so gut Tore schießt, wie du wirfst.

Leo Messi

ENDE VON BAND 2

Fortsetzung folgt...

Auf unserer Website
sean-wants-to-be-messi.com
finden Sie auch die anderen Bücher dieser Serie
und unsere Fußballartikel

Printed in Poland
by Amazon Fulfillment
Poland Sp. z o.o., Wrocław